AF461444

Mgr PERRAUD

ÉVÊQUE D'AUTUN, CHALON ET MACON

MEMBRE DE L'ACADÉMIE FRANÇAISE

ORAISON FUNÈBRE

DE MONSEIGNEUR

JEAN-JOSEPH MARCHAL

ARCHEVÊQUE DE BOURGES

AUTUN

...USSIEU PÈRE ET FILS, IMPRIMEURS DE L'ÉVÊCHÉ.

RÉCENTES PUBLICATIONS

DE

MGR L'ÉVÊQUE D'AUTUN

Quelques Réflexions au sujet de l'Encyclique du 16 février 1892, adressée à la France. Prix : 1 fr.

La Discussion concordataire au Sénat et à la Chambre des députés, les 9, 11 et 12 décembre 1891. Prix : 1 fr.

A. de Lamartine, discours prononcé à Mâcon, le 21 octobre 1890.

Jeanne d'Arc, message de Dieu, discours prononcé à Orléans, le 8 mai 1887.

Trois Discours sur sainte Thérèse.

Savoir attendre, ou la Patience chrétienne (Carême 1888).

Le Bienheureux J.-B. de la Salle, trois discours prononcés dans la cathédrale d'Autun.

Le Mystère de la Croix (Carême 1889).

L'Église et la Liberté, discours prononcé dans la cathédrale de Clermont, le 19 mai 1889.

La Sanctification du Dimanche (Carême 1891).

Etc.

ŒUVRES PASTORALES ET ORATOIRES

De Mgr PERRAUD, évêque d'Autun, membre de l'Académie française.

Les quatre premiers volumes sont en vente.

ORAISON FUNÈBRE

DE MONSEIGNEUR

JEAN-JOSEPH MARCHAL

ARCHEVÊQUE DE BOURGES

Labora sicut bonus miles Christi Jesu.
Travaille comme un bon soldat du Christ Jésus. (II Tim. II, 3.)

MESSEIGNEURS [1],
MON RÉVÉRENDISSIME PÈRE [2],
MESSIEURS DU CLERGÉ DE BOURGES [3],
MES FRÈRES,

Travailler et combattre; travailler jusqu'au complet épuisement de ses forces; combattre en vaillant soldat, sans se laisser arrêter ni

1. Mgr Lelong, évêque de Nevers; — Mgr Boyer, évêque de Clermont; — Mgr Augustin Marchal, évêque titulaire de Sinope, premier vicaire capitulaire de Bourges; — Mgr d'Hulst, prélat de la maison de Sa Sainteté, recteur de l'Institut catholique de Paris, député du Finistère.

2. Le R. P. Albéric, abbé de la Trappe de Fontgombault (Indre).

3. Les prêtres du diocèse qui suivaient pendant cette semaine les exercices de la retraite pastorale prêchée

par la crainte des blessures, ni par la perspective de la mort : cette exhortation de saint Paul à son disciple Timothée résume bien les obligations essentielles de l'apostolat, en tant qu'il nous voue, de la part de Dieu, au service de l'Église et des âmes.

Notre mission est d'abord un labeur, et, je pourrais dire sans jouer sur les mots, un *labour*, puisque Jésus-Christ, avec lequel nous ne faisons qu'un par notre sacerdoce, nous établit les aides, les journaliers de ce Père céleste qui a bien voulu permettre à son divin Fils de l'appeler : « l'Agriculteur par excellence » : *Pater meus agricola est*[1]. *Dei sumus adjutores.*[2]

Ce monde est le vaste champ qu'il nous donne à cultiver. *Ager est mundus*[3]. Enlever de ce champ les pierres qui l'encombrent, les épines qui l'embarrassent, les mauvaises herbes qui le stérilisent; puis, creuser droits et profonds les sillons où nous jetterons à pleines mains les bonnes semences de la vérité, de la justice, des vertus évangé-

par le P. Alfred, capucin, frère du cardinal Mermillod, occupaient toute la partie supérieure de la grande nef.

1. Joann. xv, I.
2. I Cor. III, 9.
3. Matth. XIII, 38.

liques, *exiit qui seminat seminare* [1] : c'est un travail sans relâche.

Le psalmiste avait raison de montrer le laboureur arrosant de ses sueurs et de ses larmes cette terre qui ne livre les trésors de sa fécondité qu'en échange des plus vigoureux et pénibles efforts. *Euntes ibant et flebant mittentes semina sua.* [2]

Mais ce travail est en même temps une milice. L'ennemi de Dieu et des âmes ne nous permet pas de cultiver en paix le champ du père de famille. L'Évangile le nomme « le fort armé [3]. » Il mérite bien cette appellation. D'une activité que tient constamment en éveil la passion de mal faire, il ne laisse pas un moment de répit aux ouvriers de Jésus-Christ. Comme ces colons des continents nouveaux qui défrichent leurs terres au milieu de peuplades hostiles, si d'une main nous guidons la charrue, l'instrument pacifique de la culture, nous devons tenir l'autre toujours armée et prête à combattre : *Una manu sua faciebat opus et altera tenebat gladium.* [4]

1. Matth. XIII, 3.
2. Ps. CXXV, 6.
3. Luc, XI, 21.
4. II Esdr. IV, 17.

Honneur au ministre de l'Évangile, dans lequel, sans altérer la vérité par d'indignes flatteries, on peut montrer tout à la fois l'ouvrier infatigable sans cesse appliqué à sa tâche et le soldat discipliné, courageux, qui a obéi, jusqu'à la mort inclusivement, à la consigne du devoir et de l'honneur.

Tel a été, durant trente années de sacerdoce et dix-sept d'épiscopat, le pontife que pleurent trois diocèses de France Mgr JEAN-JOSEPH MARCHAL, ancien vicaire général de Saint-Dié, évêque de Belley, appelé depuis 1880, par Léon XIII, à s'asseoir sur ce siège métropolitain de saint Ursin de Bourges, auquel l'ancienne hiérarchie de l'Église des Gaules avait annexé les prérogatives glorieuses de Patriarcat et de Primatie des Aquitaines.

I

Né au pied de ces montagnes des Vosges [1] qui, hélas! depuis vingt-deux ans, forment du côté de l'est la frontière extrême de la France, Joseph se montra dès ses jeunes années un enfant docile et appliqué, un écolier studieux,

1. Le 22 avril 1822, à Raon-l'Étape.

attentif à ne rien perdre des leçons élémentaires que lui donnait un oncle paternel à l'ombre d'un modeste presbytère de village.

Aux mauvais jours de la Révolution, quand l'impiété déchaînée et triomphante faisait une guerre inexpiable à la foi chrétienne, à l'Église, au sacerdoce, les grands parents du jeune Marchal avaient donné asile à des prêtres proscrits.

Il serait facile de montrer, par l'histoire religieuse de nos diocèses, combien souvent Dieu s'est plu à récompenser par de visibles bénédictions ces actes de charité dont l'héroïsme pouvait si aisément coûter à leurs auteurs la liberté ou la vie.

Derrière eux, dans les familles qui avaient abrité, avec leurs personnes, les plus saints mystères de la religion, ces vénérables confesseurs de la foi semèrent les germes féconds de vocations sacerdotales destinées à éclore longtemps même après leur passage dans ces foyers hospitaliers et à préparer de meilleurs jours pour l'Église de France.

Deux des quatre enfants orphelins que le bon curé de Tendon [1], leur oncle, avait reçus

1. Paroisse de l'arrondissement et du canton de Remiremont (Vosges).

chez lui et auxquels il avait généreusement donné le pain du corps et le pain de l'intelligence, Joseph et Augustin devaient être appelés à la grâce insigne de devenir un jour des ouvriers et des soldats de Jésus-Christ dans les rangs du sacerdoce; à tous deux même, il était réservé de monter un jour jusqu'au sommet de la hiérarchie et d'être élevés à la dignité épiscopale.

Je parle aujourd'hui en présence d'Augustin. Il m'a demandé de vous faire connaître la vie et les œuvres de son frère aîné. Puissé-je répondre à sa confiance et à celle de cette grande église en deuil !

Après avoir terminé au petit Séminaire ses études classiques, marquées chaque année par de brillants succès, Joseph entra au grand Séminaire de Saint-Dié.

La sagacité et la maturité précoces de son esprit, son application persévérante au travail, l'habitude qu'il avait déjà contractée de ne se laisser rebuter par aucune difficulté et de pousser à fond ses efforts intellectuels, le désignèrent bien vite à l'attention des directeurs du Séminaire. Ils eurent hâte de s'associer un collaborateur que la Providence avait si libéralement doué des aptitudes nécessaires aux importantes fonctions de l'enseignement. Aussitôt après son ordination au diaconat, ils lui confièrent la classe de philosophie et, peu d'années après, celle de théologie dogmatique. [1]

Je dois à une bienveillante communication de pouvoir faire connaître, dans ses traits essentiels, la méthode que le jeune professeur sut se créer, non seulement pour donner à ses élèves une instruction solide et approfondie ; mais, ce qui n'est pas moins précieux, pour leur communiquer ce que l'on peut appeler sans fausse rhétorique « le feu sacré. » Il s'agit en effet d'allumer dans les futurs ministres du sanctuaire et apôtres de l'Évangile cet amour de la vérité divine dont ils devront plus tard, suivant une belle

1. Réserve faite de certaines nécessités impérieuses auxquelles on est obligé de tout subordonner, de telles exceptions ne sauraient, sans de très graves inconvénients, devenir la règle ordinaire du recrutement des professeurs soit dans nos grands, soit dans nos petits séminaires. S'il est vrai de dire avec un illustre penseur « qu'enseigner, c'est apprendre deux fois, » à tout le moins faudrait-il éviter d'improviser, surtout pour les hautes classes, des maîtres qui ont à peine quitté les bancs des écoliers et n'apportent aucun acquit à l'accomplissement de leurs fonctions. A cet égard, les écoles de hautes études annexées à nos universités libres sont appelées à rendre de très grands services au clergé.

parole d'Isaïe, communiquer tout autour d'eux à d'autres âmes, la lumière bienfaisante et les saintes ardeurs : *Ecce vos omnes accendentes ignem accincti flammis, ambulate in lumine ignis vestri et in flammis quas succendistis.*[1]

Après avoir fait choix d'un manuel élémentaire[2], l'abbé Marchal s'imposa l'obligation de lire, sur chacune des questions traitées par l'auteur, les Pères de l'Église, les grands théologiens et même les écrivains ascétiques. Il avait déjà la préoccupation qu'il a gardée toute sa vie, de ne jamais séparer la science purement dogmatique de ses applications aux devoirs du ministère pastoral, et, par conséquent, à la conduite morale des âmes et à leurs progrès dans la pratique des vertus chrétiennes.

Combien, j'en suis sûr, il eût goûté cette parole un peu rude et originale d'un docteur de nos anciennes universités : « Il faut siffler » le professeur de théologie qui agite froide- » ment des questions très difficiles pour faire

1. Is. I, 2.

2. Les *Prælectiones theologicæ*, du P. Perrone, le savant jésuite dont l'enseignement eut tant d'éclat au collège romain.

» montre de son habileté, et qui laisse de côté, » comme trop connu et banal, tout ce qui » peut développer la piété et l'amour de » Dieu. »[1]

De ces divers éléments, groupés dans un ordre logique et harmonieusement fondus entre eux, le professeur composait des thèses qu'il rédigeait avec tout le soin possible. Le début de chacune de ses leçons ressemblait à un catéchisme, et il avait soin de ne laisser passer aucun terme technique de la langue théologique sans l'avoir expliqué à fond. A lui tout seul, cet abrégé substantiel donnait aux élèves sur chaque question des notions si exactes et si claires

1. Exsibilandus est theologiæ magister qui rigidas et valde implexas quæstiones agitat, ostendens quantum in palæstra litteraria profecerit; quæ vero ad charitatem et pietatem conducunt, tanquam pervia et exposita negligens. (Barthélemy Medina, cité par Contenson, *Theologia mentis et cordis*, I, præloq, 1, appendix 2ª.)

Le P. Contenson (né en 1641, mort en 1674), de l'ordre de Saint-Dominique, ajoute pour son propre compte :

« La théologie mérite d'être cultivée avec un soin » religieux, car elle est, par elle-même, une racine de » sainteté et la source très abondante qui alimente toutes » les vertus : *Quum... de se radix sit sanctitatis et* » *omnium virtutum copiosissima scaturigo*. (Id. Ib.)

qu'elles étaient aisément assimilées par tous les esprits. Le maître reprenait ensuite, les unes après les autres, ces données élémentaires; à chacune d'elles il ajoutait les raisons théologiques qui en établissaient la vérité, les raisons philosophiques qui en faisaient ressortir les convenances et les rapports avec les aspirations légitimes de l'ordre naturel; enfin il montrait comment les déductions expérimentales des mystères les plus sublimes de la foi s'adaptaient admirablement soit aux exigences intimes de la piété individuelle, soit aux progrès généraux de la morale sociale, inséparables de la religion bien entendue et bien pratiquée.

Dès lors, et comme à son insu, le professeur de théologie s'inspirait d'une parole de saint Paul qui devait plus tard devenir sa devise épiscopale : « Faisons la vérité dans la » charité : *Veritatem facientes in charitate.* »[1]

Sans doute, entendu dans son sens le plus direct, ce texte nous prescrit à nous, ministres de l'Évangile, de ne jamais séparer la vérité, qui nous vient de Dieu, de la charité qui unit à Dieu, mais en comprenant, comme élément essentiel, l'amour de nos frères.

1. Ephes. IV, 15.

Il est encore permis de trouver dans la recommandation de l'apôtre la formule de ce que doit être sur nos lèvres, à tous ses degrés et sous toutes ses formes, l'enseignement de la religion.

Oui, Messieurs, qu'il s'agisse du catéchisme élémentaire fait aux petits enfants, ou des instructions adressées aux fidèles, depuis le prône paroissial de nos églises de campagne jusqu'à ces grandes apologies que le P. Lacordaire inaugurait il y a plus d'un demi-siècle, et qui se continuent avec tant de science et d'éclat sous les voûtes de Notre-Dame de Paris, n'oublions jamais que ce serait peu de chose de démontrer la vérité des principes de la foi si, en même temps, nous n'excitions à leur égard ce sentiment de l'enthousiasme qui, par la force de son sens étymologique, ἐν Θεῷ, doit soulever les âmes et les porter jusqu'au sein de Dieu, le vivant idéal de la beauté parfaite, l'inextinguible foyer de l'amour éternel : *Veritatem facientes in charitate.*

L'abbé Marchal aurait volontiers consacré tout le reste de sa vie à ce ministère qui avait beaucoup d'attrait pour lui et dont il appréciait l'importance capitale, rien n'étant plus propre à favoriser les progrès du royaume de Dieu en ce monde que de préparer à l'Église un grand nombre de prêtres saints et instruits. Mais des occupations trop sédentaires et l'application excessive qu'il avait apportée à son travail avaient déjà altéré sa santé [1]. Ses supérieurs durent l'appeler à un genre de vie plus actif. C'était en 1851.

Le professeur devint curé, d'abord dans une petite paroisse rurale [2] où il resta quatre ans et fit promptement l'apprentissage des fonctions pastorales ; puis, dans la paroisse la plus populeuse du diocèse, Saint-Maurice d'Épinal, qui fut administrée par lui depuis 1855 jusqu'en 1864.

Villageois et citadins apprécièrent bien vite les qualités de l'excellent prêtre que l'évêque du diocèse leur avait envoyé pour cultiver leurs âmes et leur faire porter en abondance les fruits de la vie éternelle.

Mais le bon ouvrier ne travaille pas seulement beaucoup ; il travaille encore bien, c'est-à-dire avec ordre et méthode. C'est le secret

1. Il fut même obligé d'interrompre son cours pendant l'année 1847 et de prendre un complet repos, tout en continuant à demeurer au séminaire.

2. Damas-devant-Dompaire, dans l'arrondissement de Mirecourt.

presque infaillible de multiplier le temps et de faire des heures fugitives qui composent la trame de la vie ces « jours pleins » célébrés par le psalmiste [1], dont un seul, dit saint Pierre, peut équivaloir devant Dieu à mille années [2]. Après avoir obtenu de l'administration diocésaine qu'elle porterait de quatre à six le nombre de ses vicaires, le curé de Saint-Maurice partagea entre eux tous les détails du ministère paroissial. Chacun de ses collaborateurs avait sa tâche très nettement délimitée. Œuvres de zèle et de charité, catéchismes, confréries, chaque service avait son chef responsable. Mais le curé avait l'œil à tout, se faisait rendre compte de tout, et ramenait ainsi la multiplicité des efforts accomplis à l'unité d'une idée directrice d'où rayonnait sur tout l'ensemble le mouvement et la vie.

A vrai dire, le nouvel évêque de Saint-Dié, Mgr Caverot [3], formé lui-même à l'école d'un des évêques les plus laborieux et les meilleurs

1. Dies pleni invenientur in eis. (Ps. LXXII, 10.)

2. Unus dies apud Dominum sicut mille anni. (II Petr. III, 8.)

3. Précédemment curé de la cathédrale et vicaire général de Besançon.

administrateurs de ce siècle, le cardina Mathieu, archevêque de Besançon, n'avait confié la cure d'Épinal à l'abbé Joseph Marchal que pour lui donner occasion de faire apprécier, d'abord par le clergé, puis par les autorités civiles, son aptitude remarquable à manier les affaires et à traiter avec les hommes.

Aussitôt que les circonstances le lui permirent, il appela près de lui un prêtre qui pouvait l'aider d'une manière si efficace pour le gouvernement du diocèse. En 1864, le curé d'Épinal fut nommé vicaire général titulaire.

Tout récemment, un de nos hommes politiques, soucieux d'opérer d'importantes économies dans nos finances et d'aider ses collègues de la Chambre à équilibrer notre budget, confiait aux indiscrétions intentionnelles et professionnelles de la presse ses pensées et ses projets relativement aux vicaires généraux. Il annonçait l'intention de provoquer leur suppression, en tant qu'ils exercent des fonctions rétribuées par l'État. D'après lui, l'institution n'est pas concordataire. Quant aux personnages, ils ne sont bons à rien, ou s'ils servent à quelque chose, c'est à faire du mal, puisque d'ordinaire ce sont eux qui excitent les évêques à guerroyer contre le gouvernement.[1]

Messieurs les vicaires généraux sont trop bons chrétiens pour retourner cette proposition contre son auteur et demander qu'on lui applique la peine du talion. Combien de Français cependant seraient disposés à penser que les hommes inutiles — quand ils ne sont pas nuisibles — ne sont pas tous dans les chancelleries de nos évêchés et qu'il y aurait peut-être des épurations et des économies plus pressantes à faire, avant de toucher aux prêtres laborieux, modestes, dévoués, sans le concours desquels, je le dis bien haut et en

1. « Les vicaires généraux ne rendent aucun service » à l'État, et je pourrais ajouter qu'ils n'en rendent pas » davantage à l'Église. Choisis par l'évêque, ils ne sont » utiles qu'à lui, quand ils ne lui sont pas nuisibles. Ils » représentent par excellence l'élément belliqueux. » (M. Dupuy-Dutemps, député du Tarn, rapporteur de la commission du budget, *interviewé* par un rédacteur du journal *le Matin*, juin 1892.) Il ne sera pas sans intérêt d'ajouter que le même député demande aussi une réduction notable du nombre des évêchés. Il en donne pour raison que « en agrandissant les diocèses des évêques » qui seront conservés, on diminuera leur influence, » laquelle perdra en profondeur ce qu'elle gagnera en » étendue. » (Id. ib.) On voit que la race des grands hommes d'État n'est pas près de disparaître en France.

connaissance de cause, il serait à peu près impossible aux évêques de France de remplir leur mission.

L'abbé Marchal porta dans ses nouvelles fonctions les habitudes de travail persévérant, d'ordre, de régularité qui l'avaient si bien servi au temps où il était professeur et curé. Les correspondances et les affaires étaient expédiées avec la plus rigoureuse exactitude par le vicaire général. La droiture naturelle de son caractère et sa connaissance approfondie de la science administrative rendaient faciles ses relations avec les représentants du pouvoir civil. D'autre part, dans cette situation délicate où un prêtre se trouve être le supérieur hiérarchique d'autres prêtres qui sont ses égaux par l'ordination sacerdotale, il sut exercer l'autorité tout à la fois sans faiblesse et sans raideur et conquérir, non seulement l'estime, mais l'affection des membres du clergé diocésain pour lesquels il était moins un surveillant qu'un conseiller, un guide, un frère aîné sur le bras duquel il faisait bon s'appuyer.

Tandis qu'il s'acquittait de ses devoirs professionnels avec la plus consciencieuse ponctualité, l'abbé Marchal n'oubliait pas qu'il avait été homme d'étude. Loin de s'absorber tout entier dans ses occupations quotidiennes, il se réservait des loisirs pour d'autres travaux et il avait raison.

Les prêtres appliqués aux fonctions du ministère extérieur ou aux affaires administratives s'imaginent parfois gagner tout le temps qu'ils enlèvent à la prière, aux exercices de piété et même à des occupations d'ordre intellectuel, indépendantes de leurs obligations d'état.

C'est une grande erreur.

Sans parler de la qualité du travail, sa quantité elle-même ne dépend pas uniquement de la durée chronologique des instants qu'on y emploie. Il faut aussi tenir compte, et grand compte, de l'équilibre, de l'hygiène, de la santé des facultés qui sont l'instrument de ce travail.

Or, c'est le propre de l'esprit de l'homme de se faire, pour ainsi dire, à la mesure des objets qui l'occupent et des aliments dont on le nourrit.

A capacités égales entre deux intelligences, mettez dans l'une beaucoup de petites affaires, de petits détails, de petites préoccupations, elle s'encombre et se rétrécit. Elle ne dispose plus des grands ressorts qui font les grands élans. Elle s'agite, tourne et s'épuise dans le cercle toujours plus resserré de ses étroits horizons. Elle produit moins de travail et le travail est de moins bonne qualité.

Au contraire, mettez dans l'autre quelques grandes idées ; ayez soin d'entretenir en elle le souci, la curiosité, la passion des questions capitales qui s'agitent parmi les hommes et qui toutes, plus ou moins directement, se rattachent à l'intérêt suprême des conquêtes et des progrès de la vérité chrétienne, un tel régime dilatera l'âme dans tous les sens. Elle acquerra plus de souplesse et plus de vigueur. Le travail accompli par elle, en quelque genre que ce soit, deviendra plus abondant et meilleur.

Oui, en vérité, celui qui est fidèle à se retremper régulièrement aux sources de la vie d'en haut, par la prière d'abord, puis par l'étude appliquée au culte désintéressé de la vérité, celui-là développera en lui-même une énergie dont bénéficiera l'accomplissement de tous ses autres devoirs. Ce que l'âme pieuse aime à dire des heures d'adoration qu'elle consacre à l'Hôte du tabernacle eucharistique :

> Je gagne tout le temps que je passe avec vous,

elle peut, sans paradoxe, l'appliquer à la

lecture de l'Écriture sainte, des Pères de l'Église, des livres de théologie et de philosophie, et même de ces œuvres littéraires ou scientifiques dans le commerce desquelles ses facultés intellectuelles renouvellent leurs forces et deviennent plus capables de servir la cause de Dieu. N'est-ce pas là ce que nous enseigne saint Augustin, lorsque, dans une saisissante antithèse, il met en regard les uns des autres les efforts laborieux qu'imposent les obligations de la charité et les saints loisirs uniquement employés à la recherche et à la méditation de la vérité : *Otium sanctum quærit charitas veritatis, negotium justum suscipit necessitas charitatis.*[1]

« Si le fardeau des préoccupations et des » affaires nous est imposé, ajoute le saint doc- » teur s'adressant spécialement aux pasteurs » des âmes, nous devons le porter avec cou- » rage. Mais, même en ce cas, ne nous lais- » sons pas opprimer par le tumulte des œu- » vres extérieures ; ne renonçons jamais aux » chastes délices attachées à la contemplation » de la vérité, de crainte que la douceur de » son commerce ne nous soit ravie et que

1. S. Aug. *De Civ. Dei*, l. XIX., c. xix.

» nous ne soyons écrasés par le poids des » affaires. »[1]

Le vicaire général de Saint-Dié, qui professait déjà pour saint Augustin un culte auquel il est demeuré fidèle toute sa vie, se serait bien gardé de mépriser des conseils d'une si haute sagesse. Aussi, sans négliger aucune de ses occupations professionnelles, trouva-t-il le temps de composer un livre qui intéressait à la fois sa piété sacerdotale et son patriotisme d'enfant des Vosges.

Pour réunir les matériaux nécessaires à son œuvre, il passa plusieurs mois à Rome, dans le courant de 1869. Puis, en 1870, c'est-à-dire l'année même où la longue absence de Mgr Caverot, retenu loin de son diocèse par les travaux du concile, augmentait sensiblement les labeurs, les soucis et la responsabilité de son vicaire général, celui-ci écrivit la *Vie de l'abbé Moye*, prêtre du diocèse de Saint-Dié, fondateur de la congrégation enseignante

1. Si imponitur sarcina, suscipienda est propter charitatis necessitatem; sed nec sic omni modo veritatis delectatio deserenda est, ne subtrahatur illa suavitas et opprimat ista necessitas. (Id. ib. ib.)

Il dit ailleurs : Ego requiesco a negotiosis actibus et animus meus divinis se intendit affectibus. (*Tract. in Joann.* LVII, n° 3.)

de la Providence de Portieux, missionnaire en Chine pendant douze ans (1771-1783), mort en 1793, laissant après lui, avec une œuvre qui a survécu aux orages de la Révolution, un renom d'héroïque vertu, bien voisin de la sainteté. [1]

Dès les premières lignes de la préface mise en tête de ce livre, l'auteur parle avec une visible complaisance de « ces hommes que » la Providence daigne associer à l'accomplis- » sement de ses desseins, mais dont l'action » est ignorée du monde et qui souvent ne » connaissent pas eux-mêmes l'importance » de la mission qu'ils ont à remplir.

» ... Ils vivent dans le silence et l'obscurité » et disparaissent avant que leurs œuvres en » se développant les aient désignés au sou- » venir et à la reconnaissance des générations » qui recueilleront les fruits de leurs travaux.

» D'ailleurs, le concours de ces ouvriers » connus seulement du Père céleste qui les » a choisis, n'est ni moins nécessaire, ni » moins efficace que celui de leurs frères plus » illustres... » [2]

1. La cause de l'abbé Moye a été introduite, et l'Église permet de lui donner le titre de *Vénérable*.

2. *Vie de M. l'abbé Moye*, Paris, Retaux et Bray, préface, p. 1.

J'aime à trouver sous la plume d'un prêtre que son seul mérite avait élevé à une des situations les plus honorables du ministère ecclésiastique l'expression sincère de cette estime, de ce goût, j'allais dire de cette prédilection pour l'activité silencieuse qui s'enveloppe d'humilité et se contente de plaire « au Père qui voit dans le secret » : *Pater qui videt in abscondito, reddet tibi.* » [1]

Or, par une de ces dispensations providentielles dont il ne serait pas difficile d'expliquer le beau et instructif mystère, c'est au moment même où l'abbé Marchal trahissait son amour du travail accompli pour Dieu seul, loin des regards et des applaudissements des hommes, qu'il allait être appelé à gravir le faîte de la sainte hiérarchie, et, suivant la comparaison du Sauveur dans l'Évangile, « placé sur le chandelier [2] » afin d'éclairer de sa lumière une partie plus considérable de l'Église.

Au mois d'août 1875, l'évêque qui gouvernait depuis quatre ans seulement le diocèse de Belley, où il a laissé de sa personne, de son caractère, de sa piété, de son zèle, de sa

1. Matth. VI, 4.
2. S. Matth. V, 14-15.

charité des souvenirs ineffaçables, Mgr Richard[1] devenait, malgré sa résistance, le coadjuteur du vénérable cardinal Guibert, archevêque de Paris.

Sacrifiant généreusement à un bien d'un ordre plus élevé et plus étendu les convenances particulières de ses affections et de ses intérêts, Mgr Caverot présenta son vicaire général pour le siège vacant. L'accord se fit immédiatement entre Paris et Rome sur le nom d'un prêtre que tant de titres recommandaient. Le 8 septembre, sous les auspices de la sainte Vierge, dans la cathédrale de Saint-Dié, Jean-Joseph Marchal recevait l'onction qui fait les évêques.

Peu de temps après, il quittait ses chères Vosges et la famille sacerdotale dans les rangs de laquelle il avait travaillé pendant trente années avec tant d'application, de suite, de modestie, de persévérance et de succès. Lui-même était mis à la tête d'un clergé. Suivant l'expression d'un concile du neuvième siècle que vous me permettrez de traduire en langage contemporain, il devenait « chef d'atelier, » dans ce grand laboratoire où

1. Aujourd'hui le cardinal Richard, archevêque de Paris.

l'Église catholique travaille sans relâche à l'œuvre de Dieu.[1]

II

L'apôtre saint Paul définit l'épiscopat « un noble ouvrage. »[2]

Dans sa langue liturgique, l'Église appelle un fardeau *onus*, les trois ordres supérieurs de la hiérarchie sacrée, le diaconat, la prêtrise, l'épiscopat.

Il va de soi que plus on est placé haut dans cette société fondée par le divin travailleur de Nazareth, plus le labeur devient considérable, plus le poids à porter est lourd.

Que dire de l'épiscopat?

Amis et frères vénérés que, depuis quinze et quatorze ans, je vois non seulement avec une joie profonde, mais — j'ai le droit de parler ainsi — avec une légitime fierté, travailler d'une façon si visiblement bénie de Dieu au service des diocèses de Nevers et de

1. Episcopi primi in Ecclesia ipsi fabricæ Dei præsunt. (Conc. roman, ann. 865.)

2. Κάλον ἔργον, bonum opus. (I Tim., III, 1.)

Clermont[1], j'en appelle à votre témoignage : saint Basile le Grand a-t-il exagéré lorsque, s'adressant à un évêque nouvellement élu, il lui disait : « Si vous étiez abandonné à vos » seules forces, le fardeau dont on a chargé » vos épaules ne serait pas seulement lourd » à porter : il serait complètement intolérable. » Mais le Seigneur est là qui vous aidera à » en soutenir la pesanteur. »[2]

C'est bien le cas de rappeler ici le vieux dicton de nos pères : « Aide-toi, le ciel t'aidera. »

Oui, sans doute le ciel nous aide, et sans lui, comme le dit si justement saint Basile, nous serions absolument incapables de suffire à la tâche. — Mais de son côté, Dieu exige la coopération de notre bonne volonté et de notre courage. Il nous demande « de travailler » comme de bons soldats du Christ Jésus, » *Labora sicut bonus miles Christi Jesu.*

Professeur au grand Séminaire, curé, vicaire général, l'abbé Marchal avait déjà beaucoup et bien travaillé.

1. Mgr Lelong, évêque de Nevers, né à Chalon-sur-Saône, ancien vicaire général d'Autun; Mgr Boyer, évêque de Clermont, né à Paray-le-Monial, au diocèse d'Autun.

2. Saint Basile le Grand, lettre 161e à l'évêque Amphilochius.

Évêque du diocèse de Belley, auquel il aurait voulu pouvoir consacrer tout le reste de sa vie, comme en font foi ses instances auprès du Pape, afin de n'être pas promu à une situation plus haute [1]; devenu cependant malgré lui, et par pure obéissance, archevêque de Bourges, il n'eut qu'à persévérer dans les habitudes de sa vie sacerdotale pour être plus que jamais bon ouvrier et vaillant soldat. Je puis lui appliquer ce que saint Grégoire de Nazianze dit du vieil évêque son père selon la nature, dont il devait être l'auxiliaire et le successeur : « Toujours constant avec » lui-même et fidèle à marcher dans ses pre» mières voies, il mit la plus belle harmonie » entre les travaux de sa vie de prêtre et » ceux de son épiscopat. » [2]

Le second successeur de Mgr Marchal sur le siège de saint Anthelme lui rendait naguère un hommage que je lui emprunte et que j'étendrai, sans distinction de temps ni de diocèse, à l'Évêque qui, durant dix-sept ans,

1. J'ai eu sous les yeux la copie de ses deux lettres à Sa Sainteté le Pape Léon XIII, 29 novembre et 8 décembre 1879.

2. S. Grégoire de Nazianze, éloge funèbre de son père (18e discours, n° 15.)

s'est si consciencieusement acquitté des devoirs de sa charge. Ici et là, en Bresse et en Berry, il a montré « une intelligence prompte » et élevée, un caractère grave, une entente » remarquable des affaires, une rare aptitude » pour le gouvernement et pour l'adminis- » tration, l'amour de l'ordre, un profond » esprit de foi, un dévouement sans bornes à » l'Église, une filiale soumission à l'égard du » Saint-Siège.

» Plus on le pratiquait, plus on l'appréciait » sous le rapport de l'esprit et du cœur. »[1]

Dans son mandement de prise de possession, le nouvel évêque, résumant avec mo-

1. Mgr Luçon, évêque de Belley. Lettre du 30 mai 1891.

On a dit de Mgr Marchal qu'il avait l'écorce rude, « sentant son montagnard. » Il est vrai que par dessus toutes les qualités naturelles, il prisait la droiture et la loyauté parfaite des paroles et des actions. En certaines circonstances, lorsque sa conscience lui en faisait un devoir, il parlait net et franc ; et parfois ses interlocuteurs auraient été tentés de le trouver sévère. Mais on pouvait lui appliquer ce que saint Grégoire de Nazianze dit à ce même sujet de son père et prédécesseur, Grégoire l'Ancien, « ceux mêmes qu'il était contraint de » réprimander étaient les premiers à l'admirer et à » l'aimer parce qu'ils sentaient que ses paroles les » plus vives étaient inspirées par leur meilleur intérêt » et avaient pour principe une réelle bonté. » (S. Greg. de Naz., 18e discours, n° 26.)

destie la carrière déjà parcourue par lui, au temps de sa vie sacerdotale, la caractérisait en ces termes : « Un travail sans repos; une » lutte sans trêve. » [1]

Plus que jamais ces paroles allaient devenir la règle et la devise de son nouveau ministère. Dès son premier synode diocésain, devant ce clergé de Belley dont la fécondité glorieuse a donné à l'Église de France l'abbé Gorini et le saint curé d'Ars, Mgr Marchal encourageait ses prêtres en leur redisant les paroles mêmes de l'Apôtre à son fidèle Timothée : « Travaillez comme de bons soldats de » Jésus-Christ. »

Certes, il avait déjà acquis le droit de tenir un pareil langage. Mais la loyauté native de son caractère et la surnaturelle délicatesse de sa conscience devaient lui imposer plus que jamais l'impérieux devoir de faire toujours le premier ce qu'il recommandait aux autres, suivant la règle des saints si fortement inculquée par le pape saint Grégoire à tous ceux qui exercent dans l'Église une part d'autorité. [2]

1. Lettre pastorale du 8 septembre 1875.

2. Sit rector operatione præcipuus, ut vitæ viam subditis vivendo denuntiet. Qui loci sui necessitate exi-

Je n'entreprendrai pas de récapituler, même d'une manière sommaire, les œuvres accomplies par le laborieux ouvrier pendant ses dix-sept années d'épiscopat. Au commencement de ce discours, je m'autorisais d'une comparaison de l'Évangile pour caractériser le travail dont nous charge le Maître de ce champ qui est le monde.

Labourer, semer, moissonner; puis, labourer encore et, chaque année, recommencer les mêmes travaux dans le même ordre : telle est la vie de l'agriculteur. C'est aussi la nôtre. Si parfois certains incidents différencient une année d'avec celles qui la précèdent ou la suivent, d'ordinaire elles se ressemblent beaucoup entre elles. On chercherait vainement dans l'enchaînement régulier de nos travaux et de nos fonctions ces incidents dramatiques et imprévus qui seraient une si bonne fortune pour l'historien et pour l'orateur.

Cependant, sur le fond d'une édifiante monotonie se détachent parfois certains épisodes, que les circonstances et les nécessités des temps mettent davantage en relief.

gitur summa dicere, hac eadem necessitate compellitur summa monstrare. (S. Greg., *Lib. Past.*, l. II, c. III.)

S'il est de nos jours une œuvre qui s'impose à l'attention, à la conscience, au zèle des ouvriers du royaume de Dieu, c'est assurément l'éducation et l'instruction chrétiennes de l'enfance et de la jeunesse.

Jamais, assurément, les Évêques n'ont négligé une partie de leur ministère que l'on peut dire être essentielle, puisque de la manière dont elle est remplie, dépendent la conservation et la transmission de la foi à travers les générations qui arrivent à la vie et préparent l'avenir. Mais, jusqu'à une époque reculée, les pasteurs de l'Église, évêques et prêtres, n'étaient pas seuls à porter le poids et la responsabilité de ce labeur.

Au sein même d'une société qui avait beaucoup trop subi l'influence des doctrines naturalistes mêlées par le mouvement de 1789 à de légitimes revendications, les pouvoirs publics, guidés par la juste appréciation de leurs devoirs envers une nation baptisée, s'étaient bien gardés de séparer la religion d'avec l'instruction donnée au nom de l'Etat.

Due en grande partie à l'initiative d'un ministre étranger à notre foi, puisqu'il était protestant, mais d'un homme politique de premier mérite — j'ai nommé M. Guizot — la loi organique de 1833 pour l'enseignement primaire faisait à la religion une place non seulement convenable, mais honorable dans la rédaction des programmes et des méthodes pédagogiques, dans la formation des maîtres, dans la tenue des écoles.

Les législateurs d'alors, imités en cela par ceux de 1850 qui travaillaient cependant en pleine constitution républicaine, auraient regardé comme une criante iniquité et comme un non-sens politique d'assujettir les enfants du peuple à un système d'éducation où il ne serait jamais fait devant eux, pendant leurs exercices de classes, la moindre allusion à la religion de leurs parents et à la leur.

Bien moins encore eussent-ils imaginé d'établir officiellement, et comme un rouage nécessaire au bon fonctionnement de l'État, l'antagonisme de l'instituteur et du curé.

Ils auraient craint par là d'allumer dans notre pays des « guerres plus que civiles » et d'attirer sur eux l'anathème prononcé par nos Livres saints, contre ceux qui sèment la discorde entre frères et, par conséquent, entre concitoyens et enfants de la même patrie.[1]

1. Odit Deus eum qui seminat inter fratres discordias. (Prov. vi, 19.)

Hélas! c'est au lendemain même des désastres sans nom qui auraient rendu plus nécessaire que jamais la cordiale union de tous les Français que des hommes, aveuglés par cette haine de la religion dont on peut dire avec l'Évangile qu'ils sont *possédés,* ont organisé légalement un dualisme fatal entre l'instruction qui éclaire l'esprit et la religion nécessaire à l'âme.

De là, ces écoles où, sous la tutelle vigilante et sévère de l'État, on applique à de jeunes catholiques des méthodes d'enseignement que l'on pourrait tout aussi bien employer, sans y changer un iota, s'il s'agissait d'élever de jeunes bouddhistes ou de jeunes mahométans.

En présence du péril religieux et social créé par ce régime, les ouvriers évangéliques ne sont pas demeurés inactifs. Gémir, c'est bien sans doute, et, Dieu le sait, nos âmes pastorales ont redit souvent la plainte pathétique de Jérémie : « Mes yeux versent des » larmes et il n'y a personne qui puisse me » consoler; parce que l'ennemi est devenu le » plus fort et que mes enfants sont conduits » à leur perte. »[1]

1. Idcirco ego plorans et oculus meus deducens aquas; quia longe factus est a me consolator; facti sunt filii mei perditi, quoniam invaluit inimicus. (Lam. Jer. I, 16.)

Mais ce n'était pas assez de gémir, il fallait agir, travailler, se donner de la peine.

Le clergé et les catholiques de France ont agi et travaillé. Dieu seul peut savoir ce qu'ils ont accumulé d'efforts et de sacrifices pour atténuer les effets du nouveau et déplorable système d'enseignement public.

Créer et entretenir, partout où cela serait possible, des écoles dans lesquelles les maîtres et les maîtresses ne commettraient pas un délit justiciable des lois lorsqu'ils feraient réciter aux enfants leurs prières et leur catéchisme;

Fortifier, développer, perfectionner dans tous les sens, l'enseignement de la religion destiné à l'enfance et à la jeunesse afin de combler des lacunes lamentables ;

Éclairer par de plus vives et décisives lumières la conscience des parents; les empêcher de s'endormir dans une fausse et dangereuse sécurité; leur rappeler avec énergie qu'ils ont charge d'âmes, et qu'il ne leur est pas permis de se désintéresser de la formation religieuse de leurs enfants;

Voilà ce qui a été fait, et je puis dire supérieurement fait par Mgr Marchal, dans les deux diocèses de Belley et de Bourges.

On l'a dit dans une substantielle et intéressante monographie publiée peu de jours après la mort du vénéré prélat[1], et je souscris entièrement à cette appréciation :

Les instructions pastorales de Mgr Marchal sur ces graves questions forment dans leur enchaînement logique un des meilleurs traités de pédagogie pratique dont puissent s'inspirer des parents et des maîtres vraiment soucieux de s'acquitter dignement de leurs devoirs et de répondre aux vues de Dieu, de l'Église et de la société.

L'archevêque prend l'enfant dès sa naissance à la vie de la grâce par le baptême. Il le conduit pas à pas, d'étape en étape, d'abord à sa première confession, puis à sa première rencontre eucharistique avec Jésus-Christ et à sa confirmation.

Il indique les moyens de développer, à l'aide d'exercices sagement gradués, les notions élémentaires d'instruction religieuse reçues par lui et de protéger contre les premiers et perfides assauts des passions les impressions de grâces reçues à l'occasion de la première

1. *Notice sur Mgr l'Archevêque de Bourges*, par M. l'abbé Auguste Lorain, directeur des Œuvres catholiques de la ville de Bourges et de la *Semaine religieuse* du diocèse.

communion. Il l'achemine ainsi, à travers la crise périlleuse de l'adolescence, jusqu'au seuil même de la vie virile, c'est-à-dire jusqu'au moment décisif où il devra se déterminer pour un état de vie. Le zélé pasteur couronne tout cet ensemble de conseils par deux instructions consacrées, l'une à l'état du mariage qui est la destinée la plus ordinaire, l'autre à la vocation sacerdotale ou religieuse qui est réservée à un petit nombre de privilégiés.

Toutefois, saint Paul nous le rappelle, il ne suffit pas au ministre de Jésus-Christ de travailler comme un laborieux et infatigable ouvrier. Encore une fois « l'homme ennemi, le fort armé » est là qui ne cesse de l'épier, de le harceler, de lui tendre des embûches, d'interrompre ou de détruire son ouvrage. L'ouvrier de l'Évangile doit en même temps être soldat. *Una manu sua faciebat opus, altera tenebat gladium.*

C'est de l'Eglise que les commentateurs entendent le psaume CXXVIIIe où sont prophétisés tous les assauts qui lui seront livrés par les pécheurs; tous les coups dont ils l'accableront. [1]

Elle-même, la sainte Église, dans le Pontifical pour l'ordination des diacres, se compare à une armée toujours en marche, toujours en combat. [2]

Déjà le sacrement de confirmation imprime au chrétien le caractère sacré de soldat de Jésus-Christ. Quand saint Paul veut faire comprendre aux Éphésiens les devoirs et les périls qui les attendent, il emploie à dessein un langage tout militaire, et il énumère une à une toutes les pièces de l'armure sous laquelle ils devront s'engager dans la bataille et lutter énergiquement pour l'honneur de Dieu et pour le salut de leurs âmes. [3]

S'il en est ainsi des simples fidèles, à plus forte raison ces comparaisons conviennent-elles aux prêtres, aux évêques, capitaines et chefs supérieurs dans la milice chargée d'établir partout le règne victorieux de l'Évangile. [4]

1. Sæpe expugnaverunt me a juventute mea. Supra dorsum meum fabricaverunt peccatores. (Ps. CXXVIII.)

2. Ecclesia Dei quæ semper in procinctu posita, incessabili pugna contra inimicos dimicat. (*Pont. rom.* in ord. Diac.)

3. Ephésiens, VI, 11-17.

4. Tim. I, 18.

« Quel honneur! s'écrie saint Jean Chrysos-
» tome, d'être le soldat de Jésus-Christ! Mais
» aussi, ne me parlez pas de ces hommes qui
» ne voient dans l'épiscopat que l'éclat exté-
» rieur d'une haute dignité et le repos; — qui
» s'en chargent comme d'une chose aisée,
» facile, où l'on peut se donner du bon temps
» et dormir tout à l'aise. »[1]

Oui, certes, ce serait pour nous une grande honte et une faute impardonnable si nous étions capables de supporter avec une lâche indifférence les incursions de l'ennemi dans ce territoire sacré des consciences confiées à notre garde. Ici, pas de neutralité possible. Quand Jésus-Christ et son Église sont sans cesse attaqués dans leurs droits les plus essentiels, dans leurs plus nécessaires libertés, n'être pas ouvertement avec eux pour les défendre, c'est être moralement contre eux pour les trahir.

Sans doute, dans ses protestations contre les attentats si fréquemment dirigés parmi nous contre la religion, Mgr Marchal a mis la mesure et la discrétion qui étaient dans son

1. S. Jean Chrysos. homélie IIIe sur les Actes des Apôtres, n° 4 et IVe homélie sur la seconde épître à Timothée, ch, II, n° 1.

tempérament. Il a dit la vérité avec des ménagements qui pouvaient la mieux faire accepter. Mais il ne l'a jamais retenue captive dans des calculs d'intérêt personnel dont sa droiture d'honnête homme et sa conscience d'évêque auraient eu horreur.

Dès les premières discussions parlementaires sur le projet de loi qui devait restreindre parmi nous la liberté de l'enseignement supérieur et porter le plus grave préjudice aux universités créées à grands frais par les évêques, avec le concours du clergé et des catholiques de France[1], l'Évêque de Belley disait avec une énergie qu'aucun de ses collègues n'a surpassée :

« De toutes les tyrannies, la plus odieuse » et la plus insupportable, c'est celle qui » consiste à enlever aux parents le droit et

1. A Belley et à Bourges, Mgr Marchal s'est toujours montré un des coopérateurs les plus actifs et les plus dévoués des Instituts catholiques de Lyon et de Paris, comme en font foi les lettres pastorales publiées par lui chaque année pour exciter le zèle et la charité de ses diocésains en faveur de ces grandes et coûteuses entreprises.

» le pouvoir d'élever ou de faire élever leurs » enfants par des maîtres de leur choix, selon » leurs vues et conformément aux inspirations » de leur conscience. »

Cette revendication si ferme du droit des familles avait pour conclusion ces nobles paroles :

« Quand on laisse violer la justice envers » un innocent, un seul, il ne faut plus compter pour soi sur la protection de la justice. » C'est la leçon de l'histoire, c'est aussi celle » de l'honneur. »[1]

Dans ces dernières années, socialistes, possibilistes, anarchistes, se sont chargés de démontrer l'exactitude vengeresse et quasi-prophétique de ces paroles. La logique implacable de l'erreur et du mal a retourné contre les politiciens à courte vue les arguments sophistiques et les faux principes à l'aide desquels ils avaient cru pouvoir opprimer impunément l'Église sans qu'il leur en revînt aucun mal. « Vous avez tissé des toiles » d'araignée, s'écrient les prophètes Isaïe et » Osée ; semeurs de vent, vous n'avez que ce

1. Lettre de Monseigneur l'évêque de Belley à un de ses diocésains, 15 avril 1879, pages 4 et 5.

» que vous méritez quand vous moissonnez » les tempêtes. »[1]

Quelques semaines seulement après que Mgr Marchal avait pris possession du siège de Bourges, les fameux décrets du 20 mars 1880 venaient révéler aux catholiques de France l'implacable dessein formé par les sectaires de mettre hors la loi plusieurs de ces ordres religieux que des peuples protestants, mais sincèrement respectueux de la liberté, tiennent à honneur de protéger, qu'ils secondent même dans leurs œuvres de zèle et de charité.

Au milieu des travaux et des préoccupations de sa première visite pastorale, l'Archevêque de Bourges écrivit au président de la République. Il lui rappela que « le droit et la » liberté ne sont pas de vains mots et ne » sauraient être le partage exclusif d'un » parti. »

A l'encontre de ces théologiens laïques, si habiles à démontrer dans des journaux libres penseurs comment les ordres religieux ne

1. Is. LIX, 6 ; Osée, VIII, 7.

sont nullement nécessaires à l'Église et constituent plutôt pour elle une superfétation gênante dont elle a tout intérêt à être débarrassée, il disait avec autant de sagesse que de fermeté :

« S'il n'est pas essentiel à l'Église que tel » ordre religieux subsiste actuellement, il » l'est absolument que la vie religieuse soit » toujours possible dans la société chrétienne » et que l'Église soit libre d'en régler les » conditions. La force peut mettre obstacle » pour un temps à l'exercice de ce droit, » mais non le rendre nul ou en obtenir » l'abandon. »

En terminant, il annonçait que si le pouvoir exécutif passait outre aux réclamations unanimes de l'épiscopat, « l'exécution des » décrets détruirait pour longtemps la paix » religieuse du pays. »[1]

La passion antichrétienne l'a emporté sur le respect du droit et de la liberté. Les décrets ont été exécutés. La violence matérielle est venue en aide à l'iniquité morale. La France républicaine et réputée libre a vu renouveler sous ses yeux les procédés employés il y a

1. Lettre à M. Jules Grévy, président de la République, datée de Menetou-Salon, 15 mai 1880.

un siècle par un Pombal, ministre de ces rois absolus qui contresignaient leurs ordonnances de cette formule, expression parfaite de l'arbitraire : « Car tel est notre plaisir. »

Je n'ai pas à rechercher ce que la religion y a perdu, j'ai peut-être le droit de demander ce que la liberté et la paix sociale y ont gagné.

Ce fut encore l'Archevêque de Bourges, un des premiers qui, dans une lettre adressée à un député du Cher, fit voir par les raisons les plus solides le tort que l'on porterait à l'Église si l'on astreignait les séminaristes au service militaire. « Cette question n'est pas » politique, disait fort justement Mgr Mar- » chal; elle est d'un ordre plus général : de » l'ordre social et religieux. »

Comme nous l'avons tous fait, il avait eu grand soin de sauvegarder les exigences sacrées du patriotisme, et il n'avait eu que l'embarras du choix pour rappeler comment dans la cruelle guerre de 1870-1871, sans porter les armes, sans faire le coup de feu, sans sortir des limites de leurs pacifiques et miséricordieuses attributions, « les Frères et

» les membres du clergé séculier et régulier
» avaient rempli leurs devoirs d'habiles et
» intrépides ambulanciers, de zélés et chari-
» tables aumôniers. »[1]

Sur ce point, comme sur tant d'autres, nos plus légitimes réclamations sont demeurées sans résultat.

Les prérogatives de l'Église, consacrées non seulement par ses lois canoniques, mais par le respect séculaire de tous les peuples civilisés, ont été méconnues. Une atteinte profonde a été portée à l'économie de nos études ecclésiastiques et à cette préparation des futurs ministres du sanctuaire qui exige des conditions si spéciales. Nous n'avons même pas eu la consolation de penser que tant de douloureux sacrifices trouveraient leur compensation dans une amélioration notable de nos services militaires. Au témoignage des juges les plus compétents et les plus impartiaux, le préjudice qu'on nous a porté n'a profité en rien à la cause de la défense nationale.

Quoi qu'il en soit de nos doléances, elles ne sauraient nous empêcher d'exprimer bien

1. Lettre du 1er février 1881.

haut nos sentiments de profonde sympathie pour notre vaillante armée et d'y ajouter le témoignage de notre reconnaissance pour les égards pleins de courtoisie avec lesquels nos chers enfants, les élèves de nos séminaires, ont été reçus dans ses rangs. Il me sera d'ailleurs permis de rappeler qu'ils ont su s'en montrer dignes. Ils ont mis en pratique nos instantes recommandations de faire honneur à l'éducation que l'Église leur a donnée; d'être les plus consciencieux observateurs de la discipline, les plus respectueux pour leurs chefs, les plus fraternellement dévoués à leurs compagnons d'armes, enfin, toujours et partout — comme il sied à des soldats de Jésus-Christ — « sans peur et sans reproche. »

Trois fois, dans le cours d'une année, l'Archevêque de Bourges eut la joie et le grand honneur de conférer à des prêtres de son diocèse le caractère épiscopal.

Le premier fut un de ses vicaires généraux, Mgr Blanchet, montré plutôt que donné au diocèse de Gap qui eut à peine le temps d'apprécier le trésor dont l'Église de Bourges s'était dépouillée pour l'enrichir. [1]

Le second fut un missionnaire appartenant à la société de Notre-Dame du Sacré-Cœur d'Issoudun, Mgr Navarre, apôtre des tribus encore sauvages qui peuplent une des terres lointaines de l'archipel océanien. [2]

Le troisième lui était donné, il y a quatre ans, par le souverain Pontife pour lui servir d'auxiliaire et lui permettre de travailler plus longtemps et avec plus de fruits.

Avec quelle touchante simplicité, le 2 juillet 1888, l'archevêque sollicitait les prières de son clergé et de son peuple, en faveur du prêtre sur la tête duquel il allait faire couler l'huile sainte !

Après avoir présenté à son diocèse celui qui « déjà son frère par le sang, allait le » devenir plus parfaitement encore par la » plénitude du sacerdoce, » l'Archevêque

1. Mgr Jean-Alphonse Blanchet, sacré dans la Cathédrale de Bourges, le 1er août 1887, mort le 18 mai 1888.

2. Mgr André Navarre, d'abord évêque titulaire de Pentacomie, sacré le 30 novembre dans l'église paroissiale d'Issoudun, vicaire apostolique de la Nouvelle-Guinée, est, depuis le 17 août 1888, archevêque titulaire de Cirrhe.

ajoutait (et là encore je retrouve l'écho fidèle de ses constantes préoccupations) :

« Un même amour pour Jésus-Christ nous » a unis dès notre jeunesse dans le sacerdoce. » Désormais, cet amour nous appliquera au » même travail pour l'établissement de son » règne dans les âmes : *Pro Christo amor* » *unus et labor.* »[1]

Hélas, Monseigneur, malgré l'incomparable dévouement avec lequel, depuis quatre ans, vous vous êtes prodigué, *impendam et superimpendar*[2], pour alléger à votre bien-aimé frère et consécrateur le poids de la charge épiscopale, vous n'avez pu que le disputer un peu de temps à la mort. La cruelle ! Elle est venue, suivant la pathétique expression de saint Bernard, opérer une horrible séparation — *horrendum divortium* — entre deux frères si étroitement liés l'un à l'autre dans le partage des mêmes labeurs et des mêmes combats pour la cause de Jésus-Christ !

En me demandant aujourd'hui d'être l'in-

1. Lettre pastorale du 2 juillet 1888. Mgr Augustin Marchal, vicaire général de son frère, a été consacré le 30 juillet dans la Cathédrale de Bourges sous le titre d'évêque de Sinope.

2. II Cor. XII, 15.

terprète de votre douleur, ne m'avez-vous pas autorisé à révéler la blessure profonde que, moi aussi, je porte au cœur depuis bientôt sept mois ? C'est bien pour nous deux qu'il a parlé, cet admirable saint Bernard, le jour où, après avoir contenu par un effort surhumain les sanglots qui s'étaient accumulés dans sa poitrine devant la tombe à peine fermée de son frère Gérard, il leur donna enfin un libre cours et ne craignit pas de dire en présence de ses moines, témoins quotidiens de la force héroïque avec laquelle il supportait d'ordinaire les plus dures épreuves : « Lui parti, le cœur m'a manqué : *Subtracto siqui-*
» *dem illo, simul cor meum dereliquit me...*
» Oui, je l'avoue, je suis vaincu, ayez com-
» passion de moi ! Il faut qu'elles s'échappent,
» ces larmes que j'ai trop refoulées au dedans
» de moi-même. *Fateor, victus sum... Exeat*
» *necesse est quod intus patior..... Exite,*
» *exite lacrymæ.* » [1]

Aussi bien, Monseigneur, avec et comme vous, ce n'est pas seulement au nom des affections de famille et des liens du sang, c'est bien à cause de l'Église, des intérêts de son apostolat, de son action sur les âmes que je

1. S. Bern. Serm. XXVI, *In Cant.*

pleure un frère qui était, lui aussi, un des vaillants ouvriers, un des soldats intrépides de Jésus-Christ !

Pardonnez-moi si je nomme tout haut mon Charles [1] à côté de votre Joseph dans cette antique basilique de Saint-Étienne où, il y a un demi-siècle et davantage, nos prières d'enfants et d'adolescents montèrent si souvent vers Celui qui devait un jour nous faire signe de quitter nos filets et de le suivre pour devenir « des pêcheurs d'hommes » — comme il avait appelé sur les bords des lacs galiléens Pierre et André, Jacques et Jean, — comme il vous appelait vous-même, avec votre aîné, dans les jours lointains où un petit presbytère des Vosges abritait vos premières études et vos premiers jeux !

Mais, si nous pleurons tous les deux ces frères dont nous ne pouvons plus être séparés bien longtemps, nous ne voulons pas être des ingrats, et nos larmes ne sauraient étouffer en nous le cantique de la reconnaissance pour les grâces si visiblement répandues sur la vie et sur la mort de ceux qui nous ont quittés.

1. L'abbé Charles Perraud, chanoine honoraire d'Autun, mort à Paris le 18 janvier 1892.

Oui, mon Dieu, soyez remercié et béni de ce que vous leur avez donné de travailler et de combattre pour vous jusqu'à leur dernier soupir!

Soyez remercié et béni de leur avoir accordé à tous les deux le privilège, enviable entre tous, de faire servir leur agonie elle-même à confirmer les enseignements de leur apostolat, et à les rendre ainsi plus persuasifs et plus capables de vous gagner des âmes!

III

Quand l'Archevêque de Bourges sollicitait et obtenait du souverain Pontife le précieux secours d'un auxiliaire de ses fonctions pastorales, sa santé était déjà profondément altérée. Il pouvait s'approprier la parole de saint Paul : « Je m'en vais goutte à goutte, et » le temps de ma dissolution finale n'est pas » éloigné. »[1]

1. Ego enim jam delibor et tempus resolutionis meæ instat. (II, Tim. IV, 6.)

A chaque instant, de cruelles infirmités venaient l'interrompre dans l'accomplissement de ses devoirs. Mais l'infatigable ouvrier était bien décidé à ne pas abandonner l'œuvre qui lui avait été confiée; soldat, il ne pouvait lui venir à l'esprit de déserter le champ de bataille sous prétexte qu'il était exposé à y recevoir une de ces blessures auxquelles on ne survit pas.

C'est précisément ce qui lui est arrivé.

Dans un livre de forte et profonde spiritualité, un pieux et savant jésuite recteur du collège de Bourges où il achevait sa carrière en 1635, a dit une parole bien digne de nos plus sérieuses méditations :

« L'occasion d'une belle mort est si précieuse » que nul homme sage ne la doit perdre, quand » elle se présente. »[1]

Il en a été ainsi pour Mgr Marchal. En toute vérité, je puis dire qu'il a été bien plutôt au devant de la mort qu'il ne l'a laissée venir à sa rencontre.

Quel simple et saisissant récit j'ai trouvé dans la lettre du 27 mai dernier, adressée au diocèse par MM. les chanoines du Chapitre

1. Le père Louis Lallemant, *Doctrine spirituelle*, édition de 1844, p. 237.

métropolitain! Je le citerai presque textuellement.

Monseigneur l'Évêque de Sinope, surpris par la maladie et succombant aux fatigues de la visite pastorale, avait dû s'aliter. Il était aux prises avec une bronchite et un épuisement général qui, durant plusieurs jours, donnèrent les plus vives alarmes. Mgr Joseph Marchal se mit en route pour aller le remplacer. La charité fraternelle renversait les rôles : c'était l'Archevêque qui allait porter secours à son auxiliaire.

Mais il était manifeste qu'il entreprenait une tâche au-dessus de ses forces. On le supplia de s'arrêter.

« *Jusqu'au bout*, » répondit-il à ceux qui, par leurs affectueuses sollicitations, s'efforçaient d'entraver sa marche et de le ramener en arrière.

« Mais, Monseigneur, lui fut-il répondu, vous y êtes, au bout de vos forces. »

« *Soit*, répliqua-t-il, *et plus encore. Je ne puis imposer cette déception aux populations qui m'attendent, à un si grand nombre de confirmands qui ont été laborieusement préparés.* »

On croit entendre saint Paul répondant aux instances des anciens de Milet qui voulaient le retenir au milieu d'eux dans le pressentiment où ils étaient des douloureuses épreuves réservées à l'apôtre et au père de leurs âmes.

Il leur disait : « Oui, je le sais, et l'Esprit » saint me l'a révélé, des chaînes et des tribu- » lations m'attendent. Mais je ne crains rien » de tout cela et je fais bon marché de ma vie, » pourvu que j'aille jusqu'au bout de ma car- » rière et que j'accomplisse le ministère dont » m'a chargé le Seigneur Jésus, de rendre » témoignage à son Évangile. »[1].

Mgr Marchal poursuivit ainsi ses courses pastorales au prix d'efforts inouïs, renouvelés avec la constance la plus héroïque, non seulement chaque jour, mais, on peut le dire, à chaque instant. Enfin, le mercredi 25 mai, il fut obligé de reconnaître et d'avouer qu'il lui était impossible d'aller plus loin. Il avait atteint — ou, pour parler exactement, il avait dépassé la limite extrême de ses forces. Il dut consentir à se laisser ramener à Bourges. Durant la route, malgré son épuisement, désireux de fêter un anniversaire cher à sa piété, il essaya de dire son bréviaire, cette prière liturgique du prêtre qui, plus que toute autre, doit être

1. Actes des Apôtres, xx, 23-24.

appelée dans la langue de saint Paul « le glaive spirituel. »[1]

Il dut y renoncer ; la vie baissait rapidement ; les armes lui tombaient des mains.

A minuit et demi, aux premiers moments de la fête de l'Ascension, l'ouvrier entrait dans le repos de son éternité, *Ingrediemur in requiem, qui credidimus*[2]. L'intrépide soldat, tombé sur le champ de bataille de son apostolat, était mis en possession de la récompense promise à ceux qui auront combattu jusqu'au bout. *Ad bravium supernæ vocationis in Christo Jesu.*[3]

Messieurs du Clergé de Bourges,

Vous vaquez cette semaine aux exercices de votre retraite. J'ai la confiance que cette imposante cérémonie ne vous distraira pas des sérieuses réflexions qui vous sont suggérées par l'Esprit de Dieu durant ces jours de solitude et de recueillement.

Après avoir montré la couronne placée à

1. Et gladium spiritus, quod est verbum Dei. (Eph. VI, 17.)

2. Hebr. IV, 3.

3. Phil. III, 14.

l'extrémité du stade pour les athlètes qui auront dignement travaillé et généreusement combattu, l'apôtre adresse aux chrétiens de Philippes une exhortation que je vous demande la permission de redire pour vous et pour moi. « Nous, qui (par notre sacerdoce) faisons pro- » fession de tendre à la perfection du chris- » tianisme recueillons pieusement les leçons » et les exemples de ceux qui, sous nos yeux, » se sont montrés de si bons ouvriers et des » soldats si courageux. »[1]

Imitons de notre mieux les hommes apostoliques dont on peut répéter le substantiel et véridique éloge fait de saint Paul lui-même par votre illustre compatriote Bourdaloue, « ils ont rempli leur ministère, ils ont honoré » leur ministère, ils se sont sacrifiés pour » leur ministère. »[2]

Et d'abord, comme votre digne Archevêque, soyons des hommes de travail; d'un travail persévérant, opiniâtre, qui remplisse et féconde toutes les heures de notre vie.

1. Quicumque perfecti sumus hoc sentiamus, idem sapiamus; in eadem permaneamus regula, observate eos qui ita ambulant. (Phil. III, 15-17.)

2. Bourdaloue, division de son *Panégyrique de saint Paul.*

Avant et par dessus tout, travaillons à nous sanctifier. Car nous aurions beau multiplier nos efforts et nous dépenser sans mesure dans les labeurs du ministère extérieur, si la pleine vie de la grâce ne mettait Dieu en nous et avec nous dans tout ce que nous entreprenons pour son service et pour sa gloire, nous ne ferions rien : *Nisi Dominus ædificaverit domum, in vanum laboraverunt qui ædificant eam.* [1]

Votre Archevêque vous le disait, il y a trois ans, en vous convoquant aux retraites annuelles, et j'aime à vous faire entendre sa voix dont la mort augmente encore la puissance et l'autorité.

« Plus le présent est triste, vous disait-il,
» plus l'avenir est obscur et plein de menaces,
» plus nous devons redoubler d'efforts pour
» nous sanctifier tous les jours davantage, et
» faire de nos âmes des foyers de plus en plus
» ardents et lumineux de charité et de vérité
» et devenir ainsi les sauveurs de ce monde
» penchant vers sa ruine. » [2]

En outre, Messieurs, travaillons à conserver et à étendre la foi au sein de cette grande

1. Ps. CXXVI.
2. Lettre circulaire du 15 juillet 1889.

nation française que nous avons l'honneur d'avoir pour mère et dont les sectes antichrétiennes veulent faire leur proie; et afin que nos labeurs aient plus d'efficace, rangeons-les sous la discipline salutaire de l'obéissance; plus que jamais, mettons dans nos efforts la cohésion et l'unité.

Quand un général veut faire enlever par ses troupes une redoute formidable, ou quand il s'agit pour des travailleurs de renverser un obstacle dont la résistance dépasse notablement leurs forces, il faut avant tout que soldats et ouvriers soient attentifs au commandement donné par le chef. Ils le regardent, ils l'écoutent, ils se tiennent prêts à obéir. Puis, dès qu'ils ont vu ou entendu le signal, avec une précision mathématique ils exécutent le mouvement prescrit. C'est une masse qui agit et on croirait voir un seul homme ne donner qu'un seul coup d'épaule. En un clin d'œil, la muraille est franchie, l'obstacle est renversé.[1]

« Un seul coup d'épaule », — Messieurs, la comparaison n'est pas de moi. Je l'emprunte au prophète Sophonie : *Ut serviant ei humero uno.*[2]

1. In Deo meo transgrediar murum. (Ps. XVII, 30.)
2. Soph. III, 9.

Par une image saisissante, elle rend ce que le pape Léon XIII demande en ce moment aux évêques, aux prêtres, aux catholiques et à tous les Français de bon sens et de bonne volonté.

L'unité et la cohésion de nos efforts, en dehors des querelles politiques qui dispersent et neutralisent les forces, pour empêcher la France d'être dépouillée de l'inestimable trésor de ses croyances, et aussi pour débarrasser nos institutions de l'alliage parasite de lois contraires aux droits de la conscience chrétienne, et en flagrante contradiction avec l'esprit d'un gouvernement dont le nom, s'il n'est pas une étiquette menteuse, signifie qu'il doit être « la chose de tous, *Res publica* », et non l'apanage exclusif d'un parti qui l'exploite au gré de ses rancunes et de ses convoitises :

Voilà, Messieurs, ce qu'attend de nous le Pontife qui a reçu de Jésus-Christ lui-même la mission de diriger notre travail et de présider à nos combats.

Lorsque Samson captif donnait ce vigoureux coup d'épaule qui faisait crouler l'édifice où il avait été amené prisonnier, il goûtait sans doute la joie terrible de se venger de ses ennemis et de faire périr un grand nombre de

Philistins. Mais il s'écrasait lui-même avec eux sous les décombres des colonnes que son bras puissant avait secouées jusque dans leurs fondements.[1]

Ce n'est pas ce que nous prescrit Léon XIII, dans ses paternelles et toutes pastorales sollicitudes pour notre bien aimée patrie.

Il nous demande, non pas de détruire, mais d'édifier; non pas d'écraser les philistins qui nous oppriment et nous insultent; mais de les délivrer de leur ignorance, de leurs haines, de leurs étroits préjugés, de leurs passions malfaisantes; puis encore de sauvegarder sans eux, ou contre eux, s'il le faut, cette démocratie qui ne peut fonder la liberté que sur le respect de la justice.

Travaillons à cette grande œuvre suivant la méthode même que nous trace le Vicaire de Jésus-Christ, c'est-à-dire en nous plaçant résolument sur le terrain qu'il assigne à nos efforts et où il nous prescrit de nous unir : *Ut serviant uno humero.*

S'il devient nécessaire de repousser des agressions injustes, comme celles qui cherchaient à empêcher Néhémias et ses compagnons de relever les ruines de Jérusalem,

1. Juges, ch. XVI.

sachons, comme ces vaillants hommes, être à la fois ouvriers et soldats.[1]

Combattons, d'abord avec le glaive sacré de la prière; mais aussi, avec les armes légales que nous tenons de nos institutions elles-mêmes. Imitons saint Paul qui revendiquait fièrement ses prérogatives de citoyen romain, devant les abus de pouvoir d'un fonctionnaire plus soucieux de plaire à César et aux Juifs que de se faire, comme c'était son devoir, le protecteur du droit opprimé.[2]

A l'exemple de votre courageux Archevêque, prenons pour devise de nos labeurs et de nos combats sa simple et forte parole : *Jusqu'au bout!* Peu importe ce qui nous arrivera, pourvu que nous fassions notre devoir, tout notre devoir! *Nec facio animam meam pretiosiorem quam me, dummodo consummem cursum meum et ministerium verbi.*[3]

Mais cette parole : *Jusqu'au bout*, ce n'est pas seulement, Messieurs, un cri de ralliement pour la bataille. C'est davantage encore un cri du cœur, une parole toute brûlante

1. IIe Livre d'Esdras, ch. IV et VI.
2. Actes des Apôtres, XXII, 25.
3. Ib. XX, 24.

de charité; et la charité doit être l'unique mobile de notre apostolat. Le Sauveur Jésus l'a dite, au moins dans l'intimité de ses pensées et de ses résolutions, peu de jours avant de consommer sa douloureuse passion et de donner aux hommes, par l'institution de la sainte Eucharistie, le gage perpétuellement vivant d'un amour infini : *Quum dilexisset suos qui erant in mundo, in finem dilexit eos!*[1]

Qu'il sera bon, Messieurs, quand nous aurons, nous aussi, bien travaillé et répandu toutes nos sueurs; bien combattu, et, s'il le faut, versé dans une dernière blessure notre dernière goutte de sang, qu'il sera bon de pouvoir appuyer doucement notre tête, pour y rendre le dernier soupir, sur le cœur de Celui que nous aurons aimé et servi en aimant nos frères et en nous dévouant pour eux, JUSQU'AU BOUT!

1. Joann. XIII, 1.

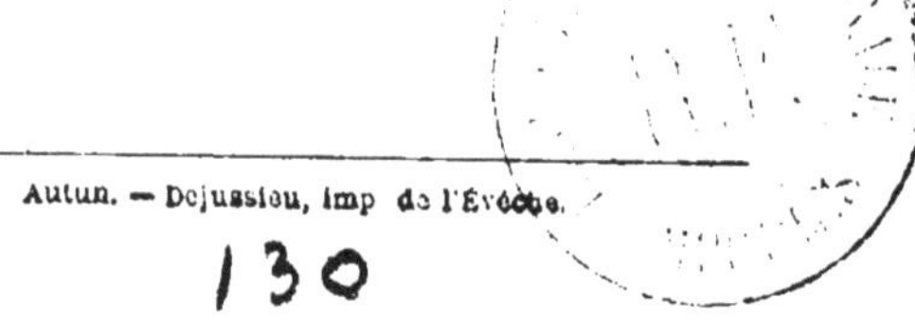

Autun. — Dejussieu, imp de l'Évêché.

www.ingramcontent.com/pod-product-compliance
Ingram Content Group UK Ltd.
Pitfield, Milton Keynes, MK11 3LW, UK
UKHW020425180726
13839UKWH00003B/1389